Chemin de Croix
Jésus et les femmes

Sauf mention contraire, les citations bibliques de cet ouvrage sont extraites de la Bible de Jérusalem.

ISBN : 979-10-306-0545-7

Conception de la couverture : Philippe Guitton – LectioStudio
Illustrations couverture et intérieur : Béatrice le Hodey

Les Sentinelles de la Sainte Famille
Frère Daniel-Marie

CHEMIN DE CROIX

Jésus et les femmes

EdB

Présentation

Ce chemin de Croix est une communion à vivre avec le Christ dans sa souffrance offerte pour nous sauver, passage vers la résurrection. Il est une invitation à revenir à lui dans la prière, la confiance et la gratitude.

La méditation de chaque station naît du témoignage d'une femme Sentinelle de la Sainte Famille. C'est dans les pas de Jésus, au cœur de la souffrance et sans la nier, que leur sont données, après l'obscurité de la nuit, la grâce de la louange et leur mission prophétique.

À l'image de la mère du Christ, qui priait au pied de la croix et à la suite de ces femmes de Jérusalem qui marchaient dans le sillage du Christ, des femmes d'aujourd'hui racontent leur « nuit ».

« *Sentinelle, que dis-tu de la nuit*[1] *?* » (Is 21, 11). En hébreu, être *sentinelle* signifie : « veiller, voir, affronter et prophétiser ».

Les quatorze stations du Christ revisitent tous les affronts infligés à Jésus et leur corollaire dans les situations de la vie des femmes.

À travers nos pas sur ce chemin vers la Croix, la Parole nous introduit au cœur de la passion du Christ pour mieux l'approcher et entrer en compassion avec lui. La Croix érigée vers le ciel est ici vécue comme une réponse d'amour à l'absurdité du mal.

Les pensées « du côté d'une sainte » viennent nous édifier par une sagesse traversant les siècles et sont un vrai trésor pour aujourd'hui.

Cette méditation convoque également notre sensibilité artistique à travers une chevelure qui vient traverser les stations pour apporter consolation et tendresse dans ce parcours de miséricorde de Dieu. Ici, l'éclaboussure de lumière (couleur or) surgit au cœur de la souffrance (rouge vif) et de la nuit et nous transfigure.

1. Traduction Louis Second.

L'artiste lève le voile, comme Véronique, sur son inspiration ci-après. Laissons-nous surprendre par la Croix qui nous invite à vivre un dépassement éblouissant et sanctifiant.

LES ILLUSTRATIONS EXPLIQUÉES PAR L'ARTISTE

Quand le projet d'illustrer ce chemin de Croix m'a été proposé, je me suis mise en quête de l'image d'une femme qui en serait l'inspiration originelle. Après une recherche à travers l'histoire de l'art chrétien, des Flandres à l'Italie, j'ai pu esquisser celle qui symboliserait ces femmes qui ont vu la souffrance de l'Agneau sans tache et celles que le Christ a désiré rejoindre dans sa Passion (cf. 8e station).

Les cheveux rouges sur fond jaune or de la *femme universelle* ont été source d'inspiration pour le langage symbolique de ce chemin de souffrance et d'amour parcouru par le Christ.

Les cheveux naissent sur l'épaule de la femme, comme des cascades dévalant les montagnes, comme une ondulation de vie, comme des griffures dans la chair, comme un excès de tendresse et comme…

Les traces rouges parfois si douloureuses apportent la présence de l'Esprit dans leur éclat d'or. L'or pur naît du sang du Chemin. Le rouge et l'or sont indissociables, comme « *Amour et Vérité se rencontrent* » (Ps 84, 11).

Le bleu, çà et là, est signe de la présence discrète de Marie, mère de Jésus.

Jésus est condamné à mort

Ire STATION

Jésus est condamné à mort

INTENTION

Pour demander la grâce de pardonner

LA PAROLE DE DIEU

« Car je pardonnerai leurs torts, et de leurs péchés, je n'aurai plus souvenance. »

HE 8, 12

UNE FEMME TÉMOIGNE

« Ma mère a désiré ma mort quand j'étais dans son sein, mais j'ai survécu et je suis née. Après ma naissance, ma vie a été difficile. À la place de l'amour, il n'y avait que rejet et paroles de malédiction. Je me sentais sans valeur pour personne.

Sauf pour Dieu. Lui m'avait voulue mais je ne le savais pas.

Un jour, je l'ai rencontré.

Son Amour m'a réparée, reconstruite, guérie et je me suis déployée.

Le secret de ce miracle ? Le pardon.

Dans l'Évangile, il est dit que Jésus a versé son sang pour la rémission de nos péchés.

Mais comment pardonner à mes parents ?

J'ai demandé au Seigneur de pardonner en moi, car toute seule, je n'y arrivais pas : je portais tant de séquelles de leurs manques d'amour que je ne pouvais m'empêcher de leur en vouloir. Je me suis mise à prier chaque jour pour eux afin que le Seigneur les bénisse.

Petit à petit, mon regard sur mes parents a changé et le leur aussi. Le Seigneur nous guérissait eux et moi en même temps. Nous avons pu, par sa grâce, nous rapprocher tout doucement et retisser un lien nouveau.

À la veille de sa mort, Maman s'est réveillée un instant de son coma. Elle a posé sur moi un regard d'amour maternel émerveillé.

Nous nous sommes pris les mains dans une effusion d'amour qui nous a guéries toutes les deux pour toujours.

DU CÔTÉ D'UNE SAINTE

« L'idée que je suis indigne de tous les dons qu'il nous accorde à moi et à mes enfants s'approfondit et se clarifie. Dans mes méditations et mes prières, une chose apparaît très clairement : ma faiblesse et sa Grandeur. Je crains tout de ma faiblesse, mais je fais aveuglément confiance à sa Grandeur. »

SAINTE TERESA DE CALCUTTA

JE PROCLAME

Appuyée sur ta Parole et fortifiée par le témoignage de mes sœurs :

Le pardon gagné par ton sang, Jésus, est une arme invincible,
Le pardon est la victoire écrasante de l'amour,
Le pardon met la vie là où il y avait la mort,

Le pardon est source de toute guérison.
Jésus, tu me confies ce ministère si puissant : pardonner.

La silhouette d'homme est une peinture du Christ par El Greco dont la couleur a été modifiée. Le rouge est ici la couleur symbolique de la souffrance et de l'humanité de Dieu. Elle préfigure le chemin de douleur que Jésus aura à parcourir. La grande croix sur Jésus le raye de l'existence. Jésus regarde vers nous dans la paix ; il ne se défendra pas. Nous pouvons imaginer le regard aimant qu'il pose sur nous.

La croix est jaune or car la condamnation à mort de Jésus va être source pour nous de la plus grande grâce de la part de Dieu.

Jésus est chargé de sa Croix

IIe STATION

Jésus est chargé de sa Croix

INTENTION

Pour que la Croix soit consolation

LA PAROLE DE DIEU

« Sois sans crainte, Sion !
Que tes mains ne défaillent pas !
Le Seigneur ton Dieu est au milieu de toi, héros sauveur !
Il exultera pour toi de joie, [...]
Il te renouvellera par son amour,
Il dansera pour toi avec des cris de joie. »

So 3, 16-17

UNE FEMME TÉMOIGNE

« Mon mari m'a quittée après quarante-deux ans de mariage, abandonnant aussi enfants et petits-enfants.

Peu de temps auparavant, j'avais reçu cette parole durant l'Eucharistie : « C'est là que je veux que tu sois : au pied de la Croix. » C'était au cours d'une retraite dont le thème était : *Marie, première en avant de nous.*

D'emblée, je me suis sentie sous le manteau de Marie au pied de la Croix : la Parole m'avait été donnée pour me fortifier en vue de cette épreuve de l'abandon qui fut pour moi une traversée de l'impensable. J'ai vécu la croix avec le Crucifié, contemplant ce mystère d'Amour infini qui me donnait consolation et force pour vivre mon épreuve.

DU CÔTÉ D'UNE SAINTE

« Ô Verbe Éternel, Parole de mon Dieu, je veux passer ma vie à vous écouter, je veux me faire tout enseignable, afin d'apprendre tout de vous. Puis, à travers toutes les nuits, tous les vides, toutes les impuissances, je veux vous fixer toujours et demeurer sous votre grande lumière ; ô mon Astre aimé, fascinez-moi pour que je ne puisse plus sortir de votre rayonnement. »

SAINTE ÉLISABETH DE LA TRINITÉ

JE PROCLAME

Appuyée sur ta Parole et fortifiée par le témoignage de mes sœurs :

Jésus, lorsque je suis trahie et abandonnée, je sais que tu es avec moi.
Quand j'ai peur de mes chemins de douleurs, je proclame que tu les as déjà traversés pour moi.
Par l'amour maternel de Marie, ta mère, je ne suis plus submergée mais je multiplie la Grâce.

Le chemin que va parcourir Jésus est symbolisé par cette cascade inspirée de la chevelure de la femme que l'on retrouvera tout au long du recueil. Elle commence plus haut que la croix, à partir du cœur du Père des Cieux. Jésus avance les yeux fixés sur son Père. Dans le sillage de cette croix, portée tant bien que mal, nous pouvons imaginer la foule qui le suit, mais aussi un fleuve d'amour, de sang et d'éclats de lumière. La teinte rosée apporte un peu de douceur.

Jésus tombe pour la première fois

IIIe STATION

Jésus tombe pour la première fois

INTENTION

Pour la libération intérieure

LA PAROLE DE DIEU

« Mon bien-aimé élève la voix,
il me dit :
"Lève-toi, ma bien-aimée,
ma belle, viens-t'en.
Car voilà l'hiver passé,
c'en est fini des pluies, elles ont disparu.
Sur notre terre les fleurs se montrent". »

Ct 2, 10-11

UNE FEMME TÉMOIGNE

“J'ai toujours été fatiguée.

Cela ne m'a pas empêchée d'avoir un mari et des enfants, mais tout m'était un effort. J'étais au bord de l'épuisement. Comme tout allait bien médicalement parlant, je croyais que c'était normal.

Un jour lors d'une retraite, la Parole de Dieu (Lc 13,10-13) s'est incarnée en moi. Jésus s'adressant à la « *femme ayant depuis dix-huit ans un esprit qui la rendait infirme* », dit : « *Femme, te voilà délivrée de ton infirmité.* »

Cette femme, c'était moi ! J'étais courbée sous le poids du rejet et de la trahison et j'avais laissé entrer en moi cet esprit d'infirmité.

Alors, avec l'aide de la prière des frères et sœurs devant le Saint Sacrement, j'ai renoncé à l'esprit qui m'asservissait et j'ai invité l'Esprit Saint à prendre sa place.

Les jours qui ont suivi, je découvris que la vie m'avait envahie comme jamais auparavant. J'étais pleine du bonheur de prendre soin de ma famille et même du désir de faire des choses nouvelles. J'étais définitivement délivrée de mon infirmité.

DU CÔTÉ D'UNE SAINTE

« J'ai vu les cieux ouverts et Jésus, mon doux Seigneur, se pencher vers moi et me consoler de toutes les angoisses et les tribulations qui m'ont assiégée. Sa vue m'emplit de joie. Il me dit : "Si tu veux être avec moi, moi je serai avec toi". - "Oui, Seigneur, Tu veux être avec moi et moi je veux être avec Toi et je veux n'être jamais séparée de Toi". »

SAINTE ÉLISABETH DE HONGRIE

JE PROCLAME

Appuyée sur ta Parole et fortifiée par le témoignage de mes sœurs :

Jésus, tu es tombé sous le poids de la Croix pour que je me relève avec toi.

Jésus, par ta Croix :
Tu domines tous les esprits mauvais et tu me libères.
Tu fais toute chose nouvelle.
Tu donnes la vie en abondance.

La chute de Jésus fait mal, il me semble si petit, si seul, oublié de tous, comme écrasé entre les courants tumultueux. Il porte une croix trop lourde, on le devine à peine sous la Croix.

Jésus rencontre sa mère

IVe STATION

Jésus rencontre sa mère

INTENTION

Pour la sagesse dans l'éducation

LA PAROLE DE DIEU

« La sagesse élève ses enfants
et prend soin de ceux qui la cherchent.
Celui qui l'aime aime la vie,
ceux qui la cherchent dès le matin seront remplis de joie. [...]
Celui qui l'écoute juge les nations,
celui qui s'y applique habite en sécurité. »

Si 4, 11-12.15

UNE FEMME TÉMOIGNE

« À l'issue d'une neuvaine à Saint Joseph, une phrase m'a interpellée : demander à saint Joseph un peu de son silence. Depuis ce jour, je l'applique dans ma vie. Même si je veux parler, si ce n'est pas le moment, je me tais. Pour conseiller mes enfants, je ne parle que quand il le faut, même dans les sujets délicats et qui me tiennent à cœur, comme ceux de la foi et de leur vie quotidienne. À la place, je prie et les choses se déroulent bien mieux que si j'avais parlé. Quand une situation se présente, je demande avec vigueur à saint Joseph un peu de son silence.

DU CÔTÉ D'UNE SAINTE

« Chaque fois que je reçois Jésus dans la Sainte Communion, je le supplie de guérir ma langue, afin qu'elle n'offense jamais, ni Dieu ni mes frères.

Pour entendre Dieu, il faut avoir du silence dans l'âme ; non pas un silence apparent, mais le grand calme intérieur, c'est-à-dire le recueillement. »

SAINTE FAUSTINE

JE PROCLAME

Appuyée sur ta Parole et fortifiée par le témoignage de mes sœurs :

Fille de la Sainte Famille, j'ai tous les atouts pour être mère.

Esprit Saint, c'est toi qui inspires mes paroles.

Par Marie, Trône de la sagesse divine, j'ai la vision du Père céleste sur mes enfants.

Par la Sainte Famille, je bénis mes enfants et les conduis dans la Grâce.

Inspirée par Joseph, je fais grandir et je guide mes enfants vers le Père.

Moment de communion profonde. Il y a comme une danse entre Marie, symbolisée par la couleur bleue, et Jésus. Leurs cœurs se répondent. Marie ne se révolte pas, elle accompagne Jésus, elle s'offre avec lui. C'est un moment de louange ou leurs deux cœurs aimants s'émerveillent de ce que Jésus fait « *toutes choses nouvelles* » (Is 43, 19).

Simon de Cyrène aide Jésus à porter sa Croix

Vᵉ STATION

Simon de Cyrène aide Jésus à porter sa Croix

INTENTION

Pour la joie des femmes, toujours

LA PAROLE DE DIEU

« Vous savez bien quelles prescriptions nous vous avons données de par le Seigneur Jésus. Et voici quelle est la volonté de Dieu : c'est votre sanctification ; c'est que vous vous absteniez d'impudicité, que chacun de vous sache user du corps qui lui appartient avec sainteté et respect. »

1 Th 4, 2-4

UNE FEMME TÉMOIGNE

« J'ai grandi dans une famille catholique et j'ai vite assimilé les valeurs chrétiennes. J'ai eu très tôt la passion de transmettre la foi, ouvertement, dans mon collège, puis au lycée, attirant enthousiasme et admiration en même temps que haine et mépris. Peu m'importait : ma foi déplaçait les montagnes. Oui, mais voilà : j'étais terriblement attaquée par le démon de l'impureté. Pensées, vidéos pornographiques et pratiques désordonnées me salissaient et détruisaient l'estime de moi. J'en ai même alors abandonné la pratique religieuse. J'ai ensuite remonté la pente de la foi, mais la souillure était toujours là. Alors j'ai fait le pas : à 25 ans, j'ai osé en parler à mes parents en leur demandant de prier avec moi. Ils m'ont imposé les mains, ont invoqué le Saint-Esprit, et détruit le lien démoniaque qui m'enchaînait. J'ai été libérée. Je sais maintenant que la prière d'un père et d'une mère est toute-puissante, comme dans la Sainte Famille.

DU CÔTÉ D'UNE SAINTE

« Mourir plutôt que pécher, cela vaut aussi pour moi ! »

BIENHEUREUSE TERESA BRACCO,
MARTYRE DE LA PURETÉ

JE PROCLAME

Appuyée sur ta Parole et fortifiée par le témoignage de mes sœurs :

Jésus, je choisis la pureté car tu as dit : « *Heureux les cœurs purs, car ils verront Dieu !* » (Mt 5, 8).

Par toi, qui as offert ton corps sur la Croix pour moi, je rejette « *la convoitise de la chair, la convoitise des yeux, et l'orgueil de la richesse* » (1 Jn 2, 16), car elles « *font la guerre à l'âme* » (1 P 2, 11).

Mon Sauveur, je choisis de vivre en étant dans ce monde mais sans les déviances de ce monde (cf. Jn 17, 15-16).

Mon Roi, je choisis de marcher par l'Esprit et je renonce aux désirs de mon vieux moi égoïste (cf. Ga 5,16).

Simon empoigne la croix, il prend le relais. On sent sa force. Pour un court moment Jésus est aidé. La lumière derrière, c'est l'éblouissement. Pourquoi ? parce que quelqu'un est venu en aide à celui qui s'est fait le plus misérable des hommes.

Jésus remonte à contre-courant ce fleuve d'eau et de sang qui préfigure déjà l'eau et le sang qui sortiront de son côté.

Véronique essuie la face de Jésus

VIe STATION

Véronique essuie la face de Jésus

INTENTION

Pour l'effusion de l'Esprit sur toutes les femmes

LA PAROLE DE DIEU

« Je suis la lumière du monde. Qui me suit ne marchera pas dans les ténèbres, mais aura la lumière de la vie. »

Jn 8, 12

UNE FEMME TÉMOIGNE

« À 17 ans, je peux enfin dire : « Je suis convertie. »

Tout a commencé un 1er novembre, fête de tous les saints, en réfléchissant à mon futur.

En prononçant le mot « Assise », car j'avais pour projet de me rendre à Assise avec les Franciscains, un déclic s'est fait.

Le Saint-Esprit est tombé littéralement sur moi. Je recevais sa force et je pleurais de joie : « Mon Dieu c'est trop beau ! »

Ces mots sont venus à ma bouche « Médecine, handicapés… », me faisant découvrir ma vocation.

Jésus a aussi changé ma vie dans mes relations avec mon entourage.

J'ai rejoint la JEFRA (Jeunesse Franciscaine) où des jeunes de moins de trente ans s'engagent dans la prière, la fraternité, le service et la mission. Pour ma plus grande joie, toute ma famille a été présente pour cette étape si importante dans ma vie.

DU CÔTÉ D'UNE SAINTE

« Entraîne-moi à ta suite, courons à l'odeur de ses parfums, Époux céleste. Je courrai sans défaillir jusqu'à ce que tu me fasses entrer dans le cellier à vin, jusqu'à ce que ta main gauche soit sous ma tête et ta droite m'embrasse avec bonheur. »

SAINTE CLAIRE D'ASSISE

JE PROCLAME

Appuyée sur ta Parole et fortifiée par le témoignage de mes sœurs :

Jésus, tu souffles sur moi ton Esprit Saint, maintenant !
Jésus, tu renouvelles en moi tes merveilles !
Jésus, tu es la lumière du monde !
Jésus, tu es la source de ma joie !
Esprit Saint, tu révèles pour moi les projets du Père !

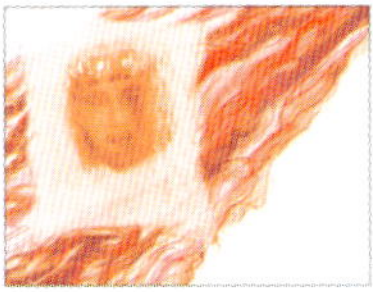

La chevelure féminine rappelle celle de Marie-Madeleine qui a essuyé les pieds de Jésus baignés de ses larmes. C'est l'image de la tendresse des femmes et de la réponse de Jésus. Le carré au centre représente le tissu sur lequel le visage du Christ s'est imprimé pour Véronique. Les traces blanches de la couronne d'épines sont des blessures qui deviennent lumière.

Jésus tombe pour la deuxième fois

VIIe STATION

Jésus tombe pour la deuxième fois

INTENTION

Pour les femmes qui ont besoin d'une guérison physique

LA PAROLE DE DIEU

« Béni l'homme qui se confie dans le Seigneur et dont le Seigneur est la foi. Il ressemble à un arbre planté au bord des eaux, qui tend ses racines vers le courant : il ne redoute rien quand arrive la chaleur, son feuillage reste vert ; dans une année de sécheresse il est sans inquiétude et ne cesse pas de porter du fruit. »

Jr 17, 7-8

UNE FEMME TÉMOIGNE

« La maladie m'a plongée au fond de moi-même. Au fond des abîmes. La chimio détériore notre corps et nous rend aussi plus légers, plus passifs, peut-être aussi plus attentifs à quelques miettes spirituelles de prière. Il faut dire qu'en temps de pandémie, on ne peut recevoir le sacrement des malades, ou encore la visite d'une « précieuse personne » qui apporte la communion. Pour ma part, je n'arrivais plus à prier, si ce n'étaient quelques versets d'un livre de psaumes que ma tante m'avait envoyé et qui était posé sur mon lit.

Dans cette maladie, j'ai pu faire de la place à Dieu en l'accueillant dans le vide, voire l'anéantissement que créent le mal et ses traitements violents. Jésus était avec moi par la prière des autres. Ma famille, mes amies, vous, mes sœurs sentinelles ! J'avais aussi cette claire vision de Jésus qui descendait avec moi dans ce tunnel à chaque fois que je devais redémarrer une chimio.

Et un après-midi, j'ai suivi une messe de guérison (sur ma tablette), et à ce moment-là, j'ai su que Jésus me guérissait. Une grande paix, des larmes de joie, une immense reconnaissance me guérissaient.

Quand j'ai finalement pu être opérée après de nombreux retards, la tumeur très importante avait totalement disparu.

DU CÔTÉ D'UNE SAINTE

« C'est la confiance, et rien que la confiance, qui doit nous conduire à l'amour. »

SAINTE THÉRÈSE DE L'ENFANT-JÉSUS
ET DE LA SAINTE-FACE

JE PROCLAME

Appuyée sur ta Parole et fortifiée par le témoignage de mes sœurs :

Jésus, lorsque la croix touche le corps autant que le cœur : je proclame ta victoire, Jésus sauveur !
Jésus, parce que la confiance chante plus fort que la mort : béni sois-tu, Dieu d'amour infini !
Jésus, parce que ta puissance se déploie dans la faiblesse : je déclare que tu es le Fidèle, Roi des rois !

Jésus est à terre, exclu, seul, la douleur le terrasse. Abandonné sous le poids de sa Croix, il saigne. Il a du mal à se relever. Le monde passe à côté de lui sans le voir.

Jésus console les femmes de Jérusalem

VIIIe STATION

Jésus console les femmes de Jérusalem

INTENTION

Pour la joie des femmes, toujours

LA PAROLE DE DIEU

« Tu seras une couronne brillante dans la main du Seigneur, un diadème royal entre les doigts de ton Dieu.
On ne te dira plus : "Délaissée !" À ton pays, nul ne dira "Désolation" ! Toi, tu seras appelée "Ma Préférence", cette terre deviendra "l'Épousée"[2]. »

Is 62, 3-4

2. Traduction AELF.

UNE FEMME TÉMOIGNE

« Entourée d'hommes dans ma vie, un frère unique, comblée par trois fils et un époux, je n'ai jamais su ce que c'était que d'avoir des sœurs. Ce ne fut ni un manque, ni un vide, juste un mystère. Et puis, subitement, un 27 juin 2013, je devins une de ces femmes de Jérusalem rencontrant Jésus sur son chemin de Croix. Il vint à moi nuitamment me déversant sa Lumière, dans un cœur à cœur, comme une perfusion salvatrice. D'indifférente au « Chemin », à la « Vérité », à la « Vie », mon cœur qui était en apnée, devint citerne d'Amour. J'ouvris les yeux et découvris ces autres femmes qui aiment le Christ. Elles furent dix, puis cent, puis mille sœurs, « *Sentinelles de la Sainte Famille* ». Gratitude, car la trajectoire de ma vie changea.

J'emprunterai les mots d'un poète pour dire ma rencontre avec le Christ :

« Tu es contagieux comme le feu des coquelicots traçant un chemin de contrebandier dans le sommeil doré des blés.

Ressuscité par ton souffle, mon cœur connaît une fièvre à rendre jaloux les feuillages des arbres, comme si le temps n'était qu'une brûlure de l'âme.

Tu traverses ma vie comme un feu de forêt[3]. »

DU CÔTÉ D'UNE SAINTE

« Lève les yeux vers le Crucifié.
Liée à lui, tu seras présente partout, comme il l'est aussi.
Non pas ici ou là, comme le médecin, l'infirmière ou le prêtre, mais sur tous les fronts, en chaque lieu de désolation – présente, dans la force de la Croix.
L'amour qui vient du Cœur divin, te portera partout et partout répandra son sang précieux. »

SAINTE THÉRÈSE-BÉNÉDICTE DE LA CROIX
(ÉDITH STEIN)

JE PROCLAME

Appuyée sur ta Parole et fortifiée par le témoignage de mes sœurs :

Même si mon cœur est exigu, illimité est son Amour !

3. Christian Bobin, *Le Christ aux coquelicots*, In *Les différentes régions du ciel, Œuvres choisies*, Gallimard, 2022, p. 659.

Même si mon âme est terrifiée, salvatrice est sa lumière !
Même si mon corps fond de douleur, audacieuse est sa guérison !
Même si mon esprit doute, illimitée est sa Miséricorde !
L'Espérance est ce sillon tracé dans la terre par une charrue alignée sur Marie, l'étoile du matin.

Voici le visage de la femme au bord du chemin à qui Jésus s'adresse :

« *Mais, se retournant vers elles, Jésus dit : "Filles de Jérusalem, ne pleurez pas sur moi ! Pleurez plutôt sur vous-mêmes et sur vos enfants !"* »

Elle a les yeux baissés, son attitude est tout intérieure, des sentiments contradictoires l'habitent.

C'est pour la sauver que Jésus s'offre.

Elle est la présence féminine en tension avec la Passion de Jésus (cf. p. 9-10).

Jésus tombe pour la troisième fois

IXe STATION

Jésus tombe pour la troisième fois

INTENTION

Pour les femmes qui ont dû subir la privation d'un enfant

LA PAROLE DE DIEU

« Il essuiera toute larme de leurs yeux : de mort, il n'y en aura plus ; de pleur, de cri et de peine, il n'y en aura plus, car l'ancien monde s'en est allé. Alors, Celui qui siège sur le trône déclara : "Voici, je fais l'univers nouveau." Puis il ajouta : "Écris : Ces paroles sont certaines et vraies". »

Ap 21, 4-5

UNE FEMME TÉMOIGNE

« Je suis sur un lit avec une chemise chirurgicale.

L'infirmière-médecin me demande sèchement pourquoi je pleure.

Dans un instant, elle va procéder.

Mes larmes coulent.

Je ne veux pas et pourtant je me soumets.

Je ne connais pas encore le Seigneur, je ne sais pas que « *Je puis tout en celui qui me rend fort* » (Ph 4,13).

Le bébé est aspiré de mes entrailles.

Je suis dévastée.

Une année passe, mon mal-être grandit.

Quelque chose est définitivement brisé en moi.

Je ne me pardonne pas ; inconsciemment je crois que je n'ai plus droit à l'amour ni au bonheur.

Finalement, je trouve le courage d'aller voir un prêtre.

Il ne me juge pas.

Il pleure avec moi, on dirait les larmes du Christ.

Il prie avec moi.

Il voit Marie qui a pris l'enfant dans ses bras, elle console le tout minuscule qui pleure.

Le prêtre me donne le Sacrement de Réconciliation,

Il me dit : « Jésus a donné sa vie pour toi. »

À cet instant, mon fardeau est enlevé.

Le Seigneur m'a bénie, je suis devenue maman plusieurs fois. Ma vie est belle.

DU CÔTÉ D'UNE SAINTE

« J'ai souvenir d'un jour où j'ai vu Jésus ressuscité qui me disait : « N'aie pas peur ; je suis celui qui est. »

SAINTE VÉRONIQUE GIULIANI

JE PROCLAME

Appuyée sur ta Parole et fortifiée par le témoignage de mes sœurs :

Seigneur, mon enfant s'est éveillé dans ta lumière, il est toujours avec toi, et donc avec moi.

Je suis mère d'une multitude.
Je suis fille réengendrée, remise au monde de la Grâce.
Avec Marie, mère de Miséricorde, j'engendre l'Église par ma prière.
Dans la Sainte Famille, j'ai ma place de fille, d'épouse et de mère.

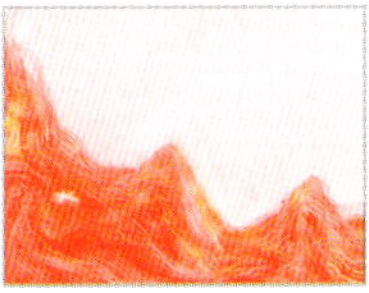

Pour la troisième fois… le chemin n'en finit pas. Les trois chutes sont symbolisées par ces montagnes pointues. Le plus dur reste à faire. Devant la croix blanche comme l'agneau, le sommet semble inatteignable.

Ce même rouge qui descend du ciel c'est aussi le lien entre le Fils et le Père qui rend tout possible. L'or rappelle la présence de l'Esprit.

Jésus est dépouillé de ses vêtements

Xe STATION

Jésus est dépouillé de ses vêtements

INTENTION

Pour les femmes que l'on veut déraciner

LA PAROLE DE DIEU

« Tu ne craindras ni les terreurs de la nuit, ni la flèche qui vole au grand jour,
Ni la peste qui rôde dans le noir, ni le fléau qui frappe à midi.
Qu'il en tombe mille à tes côtés, qu'il en tombe dix mille à ta droite, toi, tu restes hors d'atteinte. [...]
Oui, le Seigneur est ton refuge ; tu as fait du Très-Haut ta forteresse[4]. »

Ps 90, 5-7.9

4. Traduction AELF.

UNE FEMME TÉMOIGNE

« Je suis Palestinienne. Nous avions fondé une association créant du lien social entre femmes isolées ou délaissées, à travers le travail artisanal, valorisant le patrimoine culturel, ancestral et spirituel de notre terre, toutes religions confondues. Notre objectif était de résister et de recréer l'harmonie face au désespoir et aux défis du déracinement, de la perte d'identité, de l'instabilité que nous avions subis en Terre Sainte.

Suite au déplacement arbitraire de notre activité vers la périphérie, ce n'est que grâce à ma foi que je n'ai pas succombé à la tentation d'abandonner mon pays en émigrant, comme toute ma famille l'avait fait. Nous qui sommes étrangers chez nous en Israël, notre foi en Jésus ressuscité transforme notre angoisse en paix intérieure, et notre désespoir en détermination.

Lui aussi a connu le manque d'endroit *« où reposer la tête »* (Mt 8, 20).

Lui est notre seul réconfort pour rester enraciné en Dieu sans crainte. Nous nous efforçons de continuer notre mission parmi les habitants de cette contrée en vivant son message : « *Aimez-vous les uns les autres* » (Jn 13, 34).

DU CÔTÉ D'UNE SAINTE

« Quand vous voyez une déchirure à l'habit d'une autre, ne déchirez pas davantage ; mais coupez un morceau de votre habit pour raccommoder le trou. Je vous le dis et je vous le répète, déchirez votre habit pour couvrir votre prochain : Jésus vous revêtira de la robe nuptiale. »

SAINTE MARIAM DE BETHLÉEM

JE PROCLAME

Appuyée sur ta Parole et fortifiée par le témoignage de mes sœurs :

Jésus, Racine de Jessé, je suis fondée en toi.
Que tous soient UN, comme toi et le Père vous êtes Un (cf. Jn 17, 21).
Père, tu me fais demeurer dans la Terre Promise où coulent le lait et le miel.
Tu es mon Dieu et nous sommes ton peuple.
Ma descendance sera abondante comme les étoiles du Ciel.

JHS signifie *Jesus hominum Salvator*.

Pour parler de cette humiliation extrême, il n'y a que les lettres du Saint Nom de Jésus, déformées dans la chute.

Jésus est cloué à la Croix

XIe STATION

Jésus est cloué à la Croix

INTENTION

Pour les femmes victimes et relevées des guerres et des génocides

LA PAROLE DE DIEU

« […] *nous nous recommandons en tout comme des ministres de Dieu : par une grande constance dans les tribulations, dans les détresses, dans les angoisses, sous les coups, dans les prisons* […], *tenus pour imposteurs et pourtant véridiques ; pour gens obscurs, nous pourtant si connus ; pour gens qui vont mourir, et nous voilà vivants ; pour gens qu'on châtie, mais sans les mettre à mort ; pour tristes, nous qui sommes toujours joyeux ; pour pauvres, nous qui faisons tant de riches ; pour gens qui n'ont rien, nous qui possédons tout. »*

2 Co 6, 4.8B-10

UNE FEMME TÉMOIGNE

« Je suis mariée, mère de huit enfants, vingt-six petits-enfants et d'une arrière-petite-fille.

J'ai quitté le Burundi mon pays natal parce qu'il y avait la guerre.

Des malfaiteurs ont tiré une balle dans la tête de mon mari, parce qu'il était un défenseur des droits de l'homme et une personnalité reconnue comme modèle en Afrique. En voyant son sang couler, j'ai fait cette prière tout haut : « Seigneur Jésus, que ce sang provenant de la tête de mon mari soit un réconfort pour les opprimés de mon pays. » Il a été soigné en Belgique et il a survécu. Nous y sommes restés et les membres de ma famille laissés au pays ont subi des traitements inhumains et dégradants. Les malfaiteurs se sont attaqués à mon fils et à mon gendre qu'ils ont tués.

À Bruxelles, j'ai été accueillie à bras ouverts par les Sentinelles de la Sainte Famille. Par ma persévérance dans la prière, Jésus m'a donné la force et le courage de pardonner aux assassins de mes enfants. J'attends d'avoir l'opportunité de les rencontrer dans mon pays et de leur dire que je n'ai plus d'amertume envers eux.

À l'heure où je vous parle, mes enfants ont pu quitter le pays, et sont en bonne santé là où ils sont et ont pu terminer leurs études universitaires.

Je loue Dieu car les merveilles de Jésus, Sauveur du monde, sont incomparables.

DU CÔTÉ D'UNE SAINTE

« J'ai été dans la boue, mais je n'ai jamais été souillée. La Sainte Vierge m'a protégée, même quand je ne la connaissais pas. Même au fond du découragement et de la tristesse, quand j'étais esclave, je n'ai jamais désespéré, parce que je sentais en moi une force mystérieuse qui me soutenait. Je n'en suis pas morte, parce que le Bon Dieu m'avait destinée à des "choses meilleures". »

SAINTE JOSÉPHINE BAKHITA

JE PROCLAME

Appuyée sur ta Parole et fortifiée par le témoignage de mes sœurs :

« *Père, pardonne-leur : ils ne savent pas ce qu'ils font* » (Lc 23, 34).
« *Père, en tes mains je remets mon esprit* » (Lc 23, 46).
« *Tout est accompli* » (Jn 19, 30).

La silhouette de Jésus est visible, clouée sur la croix au sol. Il ne pourra plus se relever, sauf quand la croix sera élevée. Les lames rouges qui descendent du ciel, ce sont les clous, le sang qui coule, les larmes…

Les coulées rouges et les ruisseaux d'or sur le sol naissent de la souffrance offerte dans l'amour. L'or est trace de la présence de Dieu, presque invisible à nos yeux. Il y a aussi Marie dans le nuage bleuté. Marie, présence discrète aux côtés de son Fils aux heures les plus douloureuses.

Jésus meurt sur la Croix

XIIe STATION

Jésus meurt sur la Croix

INTENTION

Jésus, tu as donné ta vie

LA PAROLE DE DIEU

« […] *Jésus dit : "Tout est accompli." Puis, inclinant la tête, il remit l'esprit*[5]. »

JN 19, 30B

Jésus, tu as tout achevé pour chaque situation de vie et chaque femme souffrante.

5. Traduction AELF.

Au pied de la Croix glorieuse, nous prions :

Pour les femmes abîmées par la vie et trahies dans leur confiance,
Pour les femmes qui voudraient être mères,
Pour les femmes qui élèvent seules leurs enfants,
Pour les femmes qui ont perdu un enfant ou un conjoint,
Pour les femmes qui subissent la violence en famille,
Pour les femmes âgées, oubliées de leurs proches et de tous,
Pour les femmes méprisées, dénigrées, rejetées et pour toutes celles qui souffrent de solitude,
Pour les femmes emprisonnées dans le regret de leurs fautes,
Pour les femmes dans l'inquiétude financière, la pauvreté et la misère,
Pour les femmes déplacées ou réduites en esclavage,
Pour les femmes victimes de l'alcool et de la drogue,
Pour les femmes vivant dans la rue ou en prison,
Pour les femmes qui souffrent de maladie psychique,

Pour les femmes enfermées dans une secte ou une idéologie,
Pour les femmes fidèles percutées par la maladie de leurs proches,
Pour les femmes asservies aux autres,
Pour les femmes qui vivent seules leur foi, même en famille,
Pour les femmes qui vivent la nuit de la foi,
Pour les femmes maltraitées à cause de leur foi,
Pour toutes les femmes en souffrance que tu relèves par ta Croix.

JE PROCLAME

Appuyée sur ta Parole et fortifiée par le témoignage de mes sœurs :

Jésus, tu es le passage de tous nos chemins !
Je proclame le cri muet de toutes les opprimées : il chante.
Je proclame les corps torturés de toutes les victimes : ils dansent.
Je proclame les vies brisées de tous les rejetés : elles rayonnent.
Je proclame les croix levées de tous les martyres : elles te glorifient.

De ton cœur transpercé jaillit la vie !
Sauveur, sois glorifié pour les fruits qu'elles portent par ta Grâce !

Le corps de Jésus est rouge parce qu'il porte dans son corps toute la souffrance du monde. De son côté transpercé coule le sang et l'eau, Marie sa mère, est agenouillée à ses pieds, elle pleure, elle prie, elle reçoit l'eau et le sang de Jésus qui sont la source de la Miséricorde. Cette source d'eau vive se mêle au fleuve de toute l'humanité qu'elle assainit. La Croix est dans ce fleuve, dans cette chevelure.

L'ombre blanche, en haut à droite, c'est l'Esprit de Jésus qui remonte vers le Père. « *Père, en tes mains je remets mon esprit* » (Lc 23, 46).

Jésus est détaché de la Croix et remis à sa mère

XIIIe STATION

Jésus est détaché de la Croix et remis à sa mère

INTENTION

Pour les femmes
en responsabilité de travail

LA PAROLE DE DIEU

« Heureux l'homme qui m'écoute, qui veille jour après jour à mes portes pour en garder les montants ! Car qui me trouve la vie, il obtient la faveur du Seigneur ; mais qui pèche contre moi blesse son âme. »

Pr 8, 34

UNE FEMME TÉMOIGNE

« Je suis une femme engagée politiquement dans les institutions européennes en tant que bioéthicienne pour la défense de la vie et de la famille.

Jésus m'a tout d'abord guérie de mes blessures familiales. Puis il m'a guidée pour que je me forme afin d'avoir les bons outils pédagogiques et intellectuels en vue de chercher, d'informer et de convaincre. Chaque fois que je suis dans le doute, je le supplie de me confirmer dans ma mission. À genoux, je lui demande de me guider dans la tâche qu'il m'a confiée, moi, pécheresse comme sainte Marie-Madeleine.

Je défends ce grand mystère de la famille, si grand et si fragile, à l'image de la Sainte famille. Il s'agit de protéger l'enfant et de redonner leur dignité aux femmes menacées et marchandées.

Mère de famille nombreuse et consciente de mes limites, j'ai les mains dans la pâte pour vivre en moi-même les interactions entre le politique et le domestique. Je désire communiquer à mes enfants et à toutes les femmes la force d'affirmer leur identité, la grandeur de leur corporéité et la noblesse de leur agir au service des autres, à la suite de Jésus.

DU CÔTÉ D'UNE SAINTE

« Pour le peu que j'ai compris au cours de ces années, la seule chose que je puisse dire c'est que l'Amour constitue le centre de notre vie, parce que nous naissons d'un acte d'amour, nous vivons pour aimer et pour être aimés, et nous mourrons pour connaître le véritable amour de Dieu.
Le but dans notre vie est d'aimer. »

SERVANTE DE DIEU CHIARA CORBELLA PETRILLO

JE PROCLAME

Appuyée sur ta Parole et fortifiée par le témoignage de mes sœurs :

Seigneur, c'est vraiment toi qui m'as revêtue de peau et de chair, et tissée d'os et de nerfs (cf. Jb 10, 11) !
Comme les femmes qui t'ont suivi jusqu'au tombeau, je te suis Jésus, et je veux participer à ta mission !

Et avec elles, j'annonce ta Résurrection, et je suis ton signe de puissance dans la faiblesse !

Jésus est mort. Le pilier rouge symbolise la croix d'où il vient d'être descendu. Marie le reçoit dans ses bras et l'emmène vers sa sépulture. Les pieds saints de Jésus laissent une trace divine sur la terre. Le voile rouge c'est encore l'humanité, la nôtre, la sienne. Vrai homme et vrai Dieu, jusque dans la mort.

Jésus est mis au tombeau

XIVe STATION

Jésus est mis au tombeau

INTENTION

Pour les femmes qui nous édifient par la force de leur foi

LA PAROLE DE DIEU

« *Le Seigneur est un Dieu briseur de guerres ; son nom est "Le Seigneur". Il a établi son camp au milieu de son peuple pour m'arracher à la main de mes persécuteurs* [qui voulaient] *incendier mon territoire, faire périr mes jeunes gens par l'épée, jeter à terre mes nourrissons, livrer au rapt mes tout-petits et m'enlever mes jeunes filles.*
Mais le Seigneur souverain de l'univers les a confondus par la main d'une femme. »

JDT 16, 2.4-5

UNE FEMME TÉMOIGNE

« Je suis Rwandaise et, avec ma famille, je me suis retrouvée dans un camp de réfugiés au Congo lorsque notre enfant d'un an est mort. Il s'appelait Jean-François. J'ai bercé toute la nuit son petit corps froid. Je ne l'ai confié à ceux qui évacuaient les corps que le lendemain. Lorsque les soldats ont placé mon petit au-dessus de la pile des cadavres dans le camion, Dieu, à ce moment, m'a montré qu'il en prendrait soin et surtout que je devais me soucier de celui qui allait naître. Parole de vie salvatrice. Une semaine après, j'ai mis au monde un nouveau-né et je n'avais qu'une idée, c'était de le faire baptiser le jour de sa naissance, car la vie était précaire dans ce camp de réfugiés. Malgré les réticences du médecin qui voulait que je me repose (« se reposer alors que nous vivions à la belle étoile sans rien dans un camp ? Non, ce n'était pas cela la priorité ! »), je me suis levée le jour même de l'accouchement et me suis dirigée vers une église repérée au son de sa cloche. À la fin de la messe, j'ai imploré le baptême auprès du prêtre. J'ai demandé à une inconnue sortant de la messe d'être témoin et le prêtre voyant que nous n'avions pas de prénom pour l'enfant a donné le sien : Valentin. Après le baptême, j'ai rendu grâce pour cette nouvelle vie de mon enfant et ai été consolée de la perte de Jean-François.

DU CÔTÉ D'UNE SAINTE

« Ô Feu de l'Esprit consolateur, vie de la vie de toute créature,
[…]
Tu es saint, toi qui daignes répandre ton baume sur ceux qui sont brisés,
Tu es Saint, toi qui purifies les blessures les plus souillées.
[…]
Ô Source limpide où se mire ce que Dieu anime,
Toi qui recueilles les exilés et recherche les égarés !
[…]
Veille sur ceux qui sont captifs de l'ennemi, délivre de leurs chaînes ceux que la divine puissance veut sauver !
[…]
Espérance et honneur des vivants, Dispensateur des dons de lumière. »

SAINTE HILDEGARDE DE BINGEN

JE PROCLAME

Appuyée sur ta Parole et fortifiée par le témoignage de mes sœurs :

Seigneur, tu as brisé les portes de la mort !
Du fond de l'abîme, tu m'as arrachée.
Tu m'as consolée.
Par le baptême, mes os desséchés reprennent vie !
Par l'eau, tu as invité mon nouveau-né à vivre en enfant de lumière et à être lumière pour le monde,
Par l'eau et le feu, tu m'as fait sortir vers l'abondance.

Le graphisme est différent de tous les autres pour la mort du Fils de Dieu. Aucun mouvement, aucune vie. Le temps s'est arrêté. Sidération. Jésus est descendu dans les enfers pour en ouvrir les portes. Déjà les lumières apparaissent autour de la pierre qui ferme le tombeau. L'aurore pointe, le premier jour de la semaine est tout proche. On est juste avant que la pierre ne soit roulée…

« JE SUIS LE CHEMIN, LA VÉRITÉ ET LA VIE. » (JN 14, 6)

Cet arbre est une louange, une ode à la vie.

La vie avec Jésus ressuscité au centre, Jésus qui nous donne l'Esprit Saint, symbolisé par la couleur d'or des rayons.

Les Sentinelles de la Sainte Famille, guetteuses d'espérance

Les Sentinelles de la Sainte Famille sont une multitude de sœurs qui intercèdent dans leur lieu de vie pour le Pape, les prêtres, les vocations, les familles et l'évangélisation.

Elles prient chaque jour une dizaine du chapelet de manière à former toutes ensemble des Rosaires. Elles sont ancrées dans la Parole de Dieu par la méditation des Mystères de la vie du Christ et sont consacrées à la Sainte Famille. Elles se réunissent tous les mois pour l'adoration eucharistique dans la louange et la joie partagée.

La Vierge Marie est la fondatrice de ces combattantes dans l'Esprit Saint qui élargissent le territoire de Dieu jusqu'aux extrémités du monde, invitant sans cesse de nouvelles sœurs à se mettre en prière. Accueillant avec joie leur diversité d'origine, d'âge et de situation de vie, elles sont toutes sœurs dans la Sainte Famille.

Être Sentinelle ravive et propage la foi de chacune. Fidèles à la Tradition et au Magistère, elles intercèdent prophétiquement pour accomplir le plan de Dieu.

Les Sentinelles sont nées à Bruxelles en 2013, chez les Frères franciscains au Couvent Saint-Antoine de Padoue et ont reçu la bénédiction des archevêques successifs de Bruxelles-Maline. Le Pape François, touché par leur mission, les a reçues à Rome en janvier 2024 pour une audience privée.

« Sur tes remparts, Jérusalem, j'ai posté des veilleurs ; de jour et de nuit, jamais ils ne se tairont. »

Is 62, 6

Les Sentinelles de la Sainte Famille

Pour plus d'information et pour les rejoindre
vous êtes invitées à visiter leur site :
https://sentinellesdelasaintefamille.com
sentinelles.delasaintefamille@gmail.com
@sentinelles.sainte.famille

Présentation des auteurs

PORTEURS DES TÉMOIGNAGES DES SENTINELLES DE LA SAINTE FAMILLE

Béatrice le Hodey, artiste peintre, est diplômée de l'institut Catholique de Paris en Théologie des Arts (ISTA) et de L'École Supérieure des Arts de l'image LE 75, à Bruxelles.

Elle est partie prenante de l'organisation des Sentinelles de la Sainte Famille depuis sa fondation en 2013. La foi est au cœur de sa vie familiale et professionnelle. La participation à la rédaction et à l'illustration de ce recueil est pour elle un honneur et une joie.

Martine W. Cros, franco-allemande, diplômée des Hautes-Études-Européenne (droit) du Collège d'Europe à Bruges, mère de 3 garçons, a répondu à l'appel lors de la fondation des Sentinelles en 2013. Elle est actuellement la « bergère » des Sentinelles qui sont presque mille dans le monde.

Elle a publié une monographie de photos « Humanité et Spiritualité » au Festival International de l'Yonne : témoignages de vies transcendant les situations de vie.

Elle travaille avec Patrice Cros, son époux, dans la réalisation de documentaires qui confrontent la sagesse monastique, inspirée de la Règle de Saint-Benoît, au monde d'aujourd'hui. Leurs films sont une source d'inspiration pour les dirigeants d'entreprise et les familles.

Frère Daniel-Marie est franciscain, gardien du Couvent de Bruxelles-Centre.

Il est l'accompagnateur spirituel des Sentinelles de la Sainte Famille depuis l'origine et, avec ses sœurs, l'heureux témoin de l'action de Dieu au sein de cette « sororité ».

Table des matières

OUVRAGES DU FRÈRE DANIEL-MARIE

En route vers la guérison, Guérir et apprendre à prier pour les autres, EdB, 2022.

Les charismes pour tous, Les dons de l'Esprit Saint pour les imparfaits, les parfaits et tous les autres !, EdB, 2021.

Frat'Hello, Les très étonnantes aventures du jeune homme à la quête énigmatique, co-écrit avec François Garagnon, Éditions Monte-Cristo, 2016.

Dépôt légal : janvier 2024 - N° imprimeur : 122377531

Imprimé en France par Présence Graphique - Monts